HISTOIRE
DE
FERNAND CORTEZ

4ᵉ SÉRIE IN-12.

Propriété des Editeurs.

HISTOIRE

DE

FERNAND CORTEZ

PAR

F. MOUISSE.

LIMOGES

EUGÈNE ARDANT ET Cie, ÉDITEURS.

HISTOIRE

DE

FERNAND CORTEZ.

Le 10 février 1519, une flotte espagnole sortait du port de la Havane (1), et se dirigeait vers le continent américain. Elle se composait de sept bâtiments, le plus grand de cent tonneaux, trois de soixante-dix, les autres de cinquante. Ils portaient cent neuf matelots et ouvriers, et cinq cent huit hommes pour le service de terre. Parmi ces

(1) Capitale de l'île de Cuba.

derniers, on comptait seize cavaliers, trente mousquetaires et trente-deux arbalétriers ; le reste n'était armé que d'épées et de lances. L'artillerie consistait en deux pièces de campagne et quatre fauconneaux. Cette poignée d'hommes allait faire la conquête d'un empire qui avait quatre fois l'étendue de la France. Mais ils avaient pour chef Fernand Cortez ; pour soutiens, pour aiguillons, un courage à toute épreuve, une noble passion pour la gloire, un ardent enthousiasme. Ils croyaient remplir une double et sainte mission, étendre la domination de l'Espagne et propager la foi chrétienne.

Fernand Cortez avait déjà laissé percer les rares talents que nous lui verrons déployer avec tant d'éclat. Une activité infatigable, une persévérance que rien ne rebutait, un esprit fécond en expédients, une promptitude, une habileté inouïes à les mettre en œuvre ; une audace qui désarmait ses ennemis, et cette confiance inébranlable des grands hommes dans leur génie, qu'ils appellent leur étoile. Ses lieutenants était Juan Velasquez de Léon, Pedro de Alvarado, Hernandez

Porto-Carrero, Francisco de Montijo, Christoval de Olid, Juan de Escalante, Francisco Salcedo, Juan Escobar et Inigo Nortez, guerriers héroïques, dignes compagnons de Cortez, qui se sont perdus dans les rayons de sa gloire.

Il avait eu besoin de toute son adresse pour obtenir le commandement de cette expédition. Diégo Velasquez, gouverneur de Cuba, qui en avait fait les préparatifs, avait eu de fréquents démêlés avec lui; et ce n'est qu'avec répugnance, et vaincu par des sollicitations puissantes, qu'il confia à un homme qu'il n'aimait pas et qu'il craignait, l'exécution de ses projets.

Les Espagnols débarquèrent dans le port de San-Juan de Ulloa, au commencement d'avril. Quelques jours après, ils virent arriver des ambassadeurs du souverain du Mexique, suivis de cent Indiens qui portaient de magnifiques présents. Amenés devant Cortez, ils touchèrent la terre du doigt et la baisèrent en signe de respect; ensuite ils étalèrent aux yeux des Espagnols étonnés des étoffes de coton d'un tissu si fin, si délicat, qu'on aurait pu les prendre pour de la soie, des tableaux formés avec un art merveilleux de plumes de diverses couleurs; des figures d'animaux en or massif; des colliers, des bracelets et d'autres ornements en or; une énorme plaque d'argent de forme circulaire, représentant l'âge mexicain ou cycle de 50 ans; enfin des échantillons de perles et de pierres précieuses. C'était là un exorde bien maladroit pour la demande qu'ils venaient faire aux Espagnols de ne pas pénétrer dans l'intérieur du pays. Cortez leur répondit qu'il était envoyé par Charles-Quint, son maître, le plus puissant monarque de la terre, auprès de Montezuma, souverain du Mexique, avec ordre de ne communiquer qu'à ce prince l'importante mission dont il était chargé. Les ambassadeurs ne purent changer sa résolution : ils se retirèrent effrayés autant que surpris de son audace.

Montezuma n'était pas de ces despotes efféminés qui, retirés au fond de leurs palais, passent leur vie dans l'ivresse de cyniques plaisirs, et qui au jour du danger montrent une lâcheté égale à leur insolente tyrannie. C'était un monarque habile, un conquérant redouté de ses ennemis, respecté de ses sujets. Selon de vieilles traditions, d'effroyables calamités devaient fondre sur les Mexicains à l'arrivée de guerriers étrangers ; et ces guerriers étaient là. Ces prophéties sinistres avaient jeté le trouble dans son esprit ; et ce prince si hardi, si résolu, était devenu tout-à-coup timide, indécis, sans cesse combattu entre les sages conseils que lui dictait un reste de fermeté, et les funestes et bien plus puissantes inspirations de sa faiblesse présente. En apprenant la réponse de Fernand Cortez, il fut en proie tour à tour à la colère et à la terreur. D'abord la colère l'emporta, et il fit signifier aux Espagnols l'ordre de sortir sur-le-champ de ses états. Puis, la terreur revenant, il accompagna cet ordre rigoureux de nouveaux présents, étrange réunion de prières et de menaces qui devaient inspirer un égal mépris.

Cependant Cortez était venu camper auprès de Chempoalla, ville voisine de la côte. Les habitants le reçurent comme un libérateur. Leurs caciques jurèrent obéissance au roi d'Espagne, et le reconnurent pour leur unique souverain. Cortez leur prêta ensuite l'appui de ses armes contre des tribus voisines qu'il vainquit, qu'il traita avec douceur, et dont il fit de nouveaux alliés ; mais il commit une faute qui pouvait rendre ces peuples d'irréconciliables ennemis. Il voulut les contraindre à renoncer à leur culte et à embrasser le christianisme. Il envahit un de leurs temples, à la tête de cinquante hommes, arracha les idoles de leurs autels, les fit briser et livrer aux flammes. La place où s'était accomplie cette expiation fut lavée et purifiée, une croix y fut plantée, on y célébra la messe. Les Indiens, témoins de ces violences qu'ils ne pouvaient empêcher, versaient des larmes et poussaient des gémissements et des cris d'horreur. C'est là l'unique faute, mais non malheureusement l'unique violence qu'on puisse reprocher à Cortez.

Au moment où il se disposait à quitter Chempoalla, une conspiration fut découverte : les amis de Velasquez en étaient les chefs ; ils avaient séduit plusieurs soldats, et surtout des matelots. Leur intention était de s'emparer d'un des vaisseaux, de se rendre à Cuba pour informer le gouvernement des projets de Cortez, et en empêcher l'exécution. On s'assura des chefs, que l'on punit sévèrement. Mais pour ôter toute idée d'une pareille tentative, Cortez brûla sa flotte : résolution héroïque qu'il prit de premier mouvement, sans consulter ses compagnons, et dont aucun ne murmura. Ainsi cinq cents hommes s'emprisonnèrent en quelque sorte dans un pays inconnu au milieu de nations belliqueuses, innombrables, s'imposant la nécessité de vaincre ou de mourir jusqu'au dernier.

Enfin Cortez se mit en marche ; les chevaux manquant, deux cents Indiens, d'une caste inférieure, portaient les bagages. Un petit détachement, sous le commandement d'Escalante, fut laissé à la Vera-Cruz, ville et colonie qui venait d'être fondée. Cortez partit le 16 août de Chempoalla prit la route de Tlascala, et parvint sans obstacle jusqu'aux frontières de cette province. Il comptait n'avoir rien à craindre des Tlascalans, amis de ceux de Chempoalla, ennemis acharnés de Montezuma. Mais à peine entrait-il sur leur territoire, que trois mille Tlascalans, sortant d'une embuscade, se précipitèrent avec furie sur les Espagnols. Ils furent repoussés, mais ils se retirèrent en bon ordre et sans paraître effrayés du bruit ni des ravages de l'artillerie.

Le lendemain on rencontra encore dix mille Tlascalans postés sur une hauteur dont on ne put les chasser qu'après un long et opiniâtre combat. Mais, arrivés au sommet de la montagne, les Espagnols aperçurent au-dessous d'eux, dans une vaste plaine, la grande armée de leurs ennemis rangée en bataille. On distinguait aux premiers rangs Xicotencalt, leur chef, précédé d'une bannière qui représentait un énorme oiseau blanc de la forme d'une autruche. Le spectacle de ces masses innombrables s'agitant avec un bruit confus, et d'où sortaient des cris horribles, n'intimida point les Espagnols. Sans s'arrêter un moment pour se reposer, ils descendirent la colline en courant, et se ruèrent sur les Tlascalans. Ceux-ci opposèrent une vive résistance. Le petit bataillon des Espagnols, assailli de tous côtés, faisait face à tous ses ennemis : il se promenait au sein de cette multitude immense, laissant sur son passage de grands espaces sanglants ; mais ces espaces se refermaient bientôt, et le

nombre des ennemis ne diminuait pas. La cavalerie et l'artillerie parvinrent enfin à jeter le désordre parmi les Tlascalans. Mais les Espagnols étaient trop fatigués pour les poursuivre, et ils purent emporter leurs morts et leurs blessés, dont le nombre fut considérable. Fernand Cortez ne perdit qu'un homme, et n'eût que quinze blessés. Il craignit cependant que cette lutte, en se prolongeant, ne consumât sa petite armée, et qu'un échec même léger ne lui enlevât la réputation d'invincible, qui la rendait telle en effet. Il résolut donc d'envoyer des ambassadeurs à Tlascala. Il choisit pour cette difficile mission des Chempoallans d'une haute naissance. Ils étaient revêtus d'un manteau de coton brodé, d'un tissu très fin, et portaient dans la main droite une longue flèche ornée de plumes blanches, symbole de la paix parmi ces peuples. « Que nos ennemis
» viennent à Tlascala, répondit Xi-
» cotencalt, ils apprendront quelle paix
» nous leur réservons, quand leur sang
» fumera sur les autels de nos dieux,
» et que leurs membres palpitants fe-
» ront les délices de nos festins. »

Cortez entendit cette horrible réponse

d'un air calme, et donna aussitôt le signal du départ. Le 5 septembre on aperçut de nouveau l'armée ennemie dans une plaine de deux lieues d'étendue. Cette bataille fut plus longue, plus acharnée, plus sanglante que les précédentes. Un instant les Espagnols furent ébranlés et le désordre se mit dans leurs rangs ; des efforts inouïs, des prodiges de valeur dans les soldats, d'habileté, de sang-froid dans leurs chefs, purent seuls ressaisir la victoire.

Cortez proposa de nouveau la paix. Avant de l'accepter, les Tlascalans voulurent interroger leurs prêtres. Ceux-ci ayant consulté les dieux en leur immolant des victimes humaines, répondirent que les Espagnols étaient des hommes comme eux, mais que la présence du soleil faisait toute leur force; qu'invincibles pendant le jour, ils seraient vaincus pendant la nuit. Cette explication fut suivie d'un nouveau combat qui s'engagea à la clarté de la lune; mais il eut la même issue que les précédents, et les Indiens convaincus enfin cette fois que les Espagnols étaient des Teules ou des génies supérieurs à l'humanité se résignèrent à la paix.

Ils envoyèrent aux Espagnols quarante députés accompagnés d'un cortége imposant. Quatre vieillards s'approchèrent de Cortez : « Si vous êtes
» *Teule*, dit l'un d'entre eux au chef
» espagnol, et s'il vous faut des sa-
» crifices humains, voici des esclaves.
» Vous pouvez prendre leur chair et
» la manger, verser leur sang et le
» boire. — Si vous êtes des dieux
» bienfaisants, voici de l'encens et des
» plumes que nous sommes chargés
» de vous offrir. Enfin si vous êtes
» des hommes, voilà du pain et des
» viandes. » Cortez, sans leur dire dans laquelle de ces trois espèces d'êtres il devait être rangé, se contenta de leur répondre que c'était avec regret qu'il leur avait fait la guerre; qu'il était prêt à leur accorder la paix, et qu'il désirait contracter avec eux une alliance indissoluble. Les Tlascalans se retirèrent pleins de joie. La paix fut aussitôt conclue, et ces peuples devinrent, d'ennemis acharnés, des alliés d'une fidélité inébranlable.

Après s'être arrêtés quelques jours à Tlascala pour guérir leurs blessures et se reposer de leurs fatigues, les Espagnols se remirent en marche pour Mexico avec un renfort de six mille Tlascalans.

A mesure que ses ennemis approchaient, Montezuma sentait son trouble, ses inquiétudes s'accroître ; et ses dieux, qu'il fatiguait de supplications et de sacrifices, ne lui répondaient que par de sinistres oracles. Les Espagnols étaient aux portes de Mexico, et, dans le désordre de son esprit, il se berçait de l'espoir insensé de les éloigner, et renouvelait ses vaines et ridicules ambassades. Il se décida enfin à venir au-devant d'eux : trois officiers le précédaient, chacun avec un encensoir d'or d'où s'exhalaient des parfums ; quatre nobles portaient sa litière, couverte de plaques d'or et surmontée d'un dais de plumes vertes, étincelant de pierres précieuses. Son costume répondait à cette magnificence : sur ses épaules un manteau orné d'or et de diamants, sur sa tête une couronne de l'or le plus fin.

Arrivé près de Cortez, il sortit de sa litière, soutenu sur les bras de quatre caciques, tandis que d'autres étendaient devant lui des manteaux de coton pour que ses augustes pieds ne touchassent pas la terre. Cortez lui adressa une courte harangue; il lui offrit un collier d'or très mince, qui n'avait au lieu de pierres précieuses, que des morceaux de verre de diverses couleurs. Montezuma reçut ce présent avec affabilité : mais Cortez ayant fait un mouvement pour l'embrasser les nobles s'y opposèrent.

Après cette cérémonie, les Espagnols entrèrent dans un palais où ils purent se loger commodément, et qui, dans un pressant danger, pouvait devenir une forteresse. Montezuma vint les visiter et leur apporta de magnifiques présents. Il eut avec Cortez un long entretien. Celui-ci, par un adroit mélange d'orgueil castillan, de fierté contenue, de ménagements respectueux, fortifia ses craintes et en même temps gagna sa confiance; il le séduisit par l'attrait de ses gracieuses manières et de son esprit insinuant, l'éblouit, l'effraya par le pompeux étalage de la puissance de son maître. Montezuma promena les Espagnols dans sa capitale et leur en montra toutes les curiosités, toutes les richesses, toutes les magnificences. Imprudente vanité!

dangereuse ostentation! Il enflammait ainsi l'ardente couvoitise des Espagnols qui jetaient d'avides regards sur tous ces trésors, et purent à peine s'empêcher d'y porter les mains.

Fernand Cortez avait donc pénétré dans la capitale du Mexique et s'y était installé. Les habitants le regardaient comme un dieu et le traitaient comme tel. Montezuma le comblait des témoignages d'une admiration craintive, et même d'une vive amitié. Mais les vastes projets de Cortez étaient bien loin d'être accomplis. Mexico avait maintenant deux maîtres, et ne devait en avoir qu'un. Il fallait arriver là, soit par une lutte ouverte et soudaine, soit par une suite d'empiètements continus; recourir à la force ou aux calculs adroits d'une politique patiente; et l'on pense bien que, par nécessité et par goût, Cortez penchait pour ce dernier moyen. Cependant il n'y avait pas de temps à perdre; le séjour trop prolongé des Espagnols pouvait inspirer des soupçons; des querelles ne devaient pas tarder à s'élever entre des hommes également impétueux, également attachés à des lois, à des usages, à des cultes si opposés. Il fallait enfin se défier des vives protestations, des doucereuses paroles de Montezuma, qui pouvaient cacher une trahison. Et en effet, les Espagnols apprirent que ceux de leurs compagnons qu'ils avaient laissé à la Vera-Cruz venaient d'être attaqués par une armée mexicaine. Le combat avait été long et sanglant, et les Espagnols n'avaient échappé à une défaite complète que par des efforts inouïs de courage et de persévérance, et grâce aux secours venus à temps des Chempoallans leurs alliés. Ces nouvelles frappèrent Cortez d'indignation, et le déterminèrent à frapper un coup décisif.

Malgré sa condescendance pour les étrangers, Montezuma n'avait perdu ni le respect ni l'amour de ses peuples. Les Espagnols n'auraient rien à craindre d'eux si ce prince était en leur pouvoir, et il ne pourrait alors prendre aucune mesure ni donner aucun ordre dont Cortez ne fut instruit, ou plutôt qu'il ne dictât. Celui-ci résolut donc d'enlever de son palais le prince mexicain, de l'amener dans le quartier espagnol, et de l'y garder à vue. Il communiqua ce hardi projet à un conseil composé de l'élite de ses officiers et de ses soldats : tous l'approuvèrent et s'offrirent à l'envi pour l'exécuter.

Le plan qui fut adopté surpassait en audace l'entreprise elle-même :

Alvarado, Sandoval, Velasquez de Léon, Lugo et Davilla, ayant avec eux seulement cinq soldats dignes de les suivre, devaient se rendre au palais. Vingt-cinq hommes choisis se dirigeaient vers le même endroit, séparés, épars, et comme en se promenant. Le reste des soldats espagnols se tiendrait au quartier sous les armes, et prêt à marcher au premier signal.

Ces dispositions prises, Cortez se rendit au palais avec ses dix compagnons, et s'adressant à Montezuma d'un ton ferme et sévère, il l'accusa d'avoir ordonné à son général de surprendre les Espagnols restés à Vera-Cruz et de les massacrer. Le prince mexicain se troubla d'abord et parut interdit ; mais bientôt se remettant, il se défendit avec vivacité, protesta de son amitié pour les Espagnols, assura que le général dont on se plaignait avait agi sans ordre et contre sa volonté ; et pour ôter tout soupçon aux Espagnols, il le fit amener sur le champ et le remit entre leurs mains. Cortez répondit qu'il acceptait cette satisfaction; il n'avait jamais douté de la loyauté de Montezuma. Il était convaincu que le noble et puissant souverain du Mexique ne s'était pas souillé d'une lâche trahison; mais ses officiers et ses soldats ne partageaient pas ses convictions et nourriraient toujours un secret sentiment de défiance contre le roi, si, quittant son palais, il ne leur donnait une preuve irrécusable de son amitié en venant résider au quartier espagnol. A cette étrange proposition, Montezuma demeura d'abord muet d'étonnement et de colère. Puis il s'écria avec emportement qu'il n'avait déjà montré que trop de faiblesse; il avait abaissé la dignité royale! Ses peuples commençaient à murmurer, et il ne voulait pas encourir leur mépris, qu'il méritait déjà peut-être. A de si insolentes propositions on ne répondait que l'épée à la main. Cortez, sans se déconcerter, répondit froidement qu'il n'y avait rien d'humiliant dans ce qu'on lui proposait; qu'il ne ferait que changer de résidence, quitter son palais pour venir habiter celui de son père; qu'il y jouirait de toute sa liberté, y serait entouré du respect, des égards, des honneurs dûs à un si grand roi. Mais Montezuma ne se fiait pas à ces vaines promesses, et persistait dans ses refus.

Cependant le temps s'écoulait. Les officiers et les soldats espagnols commençaient à murmurer; l'un d'eux même s'écria : « Pourquoi perdre tant de temps en paroles? il faut qu'il vienne ou qu'il meure. » Ces mots furent accompagnés de gestes menaçants qui effrayèrent Montezuma. On lui fit entendre que sa vie était en danger, et sa résistance cessa. « Allons, » dit-il à Cortez, rendons-nous à votre » quartier, les dieux l'ordonnent, et » je me fie à votre honneur. » Mais ce n'était point encore assez. On exigea de lui qu'il déclarât à ses officiers qu'il n'éprouvait aucune contrainte, et qu'il suivait les Espagnols de son plein gré. Il fut placé sur une magnifique litière, et passa au milieu de ses sujets rassemblés en foule, qui mêlaient à de profonds gémissements des cris de colère et de fougueuses menaces. Mais il leur ordonna de se taire et de s'apaiser, et toujours dociles à sa voix, ils contemplèrent, immobiles et silencieux, le déplorable abaissement de leur souverain

Ainsi dans une ville immense, au milieu d'un peuple innombrable, dix hommes enlevèrent un monarque de son palais et l'emmenèrent prisonnier. S'il y avait eu une audace héroïque à former un tel projet, qu'est-ce donc que de l'avoir accompli sans obstacle? Cortez en retira tous les fruits qu'il s'était promis. Montezuma se fit à sa position. Rien n'était changé dans ses habitudes : il se promenait dans sa capitale, allait à la chasse parcourait les villes voisines accompagné de ses officiers, entouré de tout l'éclat, de tout l'appareil d'une puissance qui n'était plus. Mais toujours escorté de quelques officiers espagnols dont la présence loin de l'humilier, était devenue pour lui un plaisir, un besoin ; il s'était laissé séduire par leur intelligence, leurs talents, par la supériorité que leur donnaient sur ses sujets encore barbares tous les avantages de la civilisation. Il ne pouvait se passer d'eux.

Cortez jugea le moment favorable pour imposer à Montezuma un nouveau sacrifice. Il lui proposa de se déclarer vassal du roi de **Castille et de** lui payer un tribut annuel en signe de dépendance. Un refus n'était plus possible : le roi captif consentit à tout ce que lui demandait l'exigence insatiable de ses geôliers, et le lendemain ses chefs et lui jurèrent foi et hommage au roi d'Espagne.

Mais ce fut là la dernière tentative heureuse des Espagnols. Les peuples du Mexique s'indignèrent de voir une poignée d'hommes exercer une insupportable tyrannie dans leur capitale, leur imposer d'insolents tributs, et retenir dans une dure captivité leur puissant souverain. Les nobles se réunissaient et s'excitaient à délivrer leur roi et à venger ses injures. Les prêtres échauffaient le fanatisme du peuple et des nobles, et déclaraient que les dieux irrités ne pouvaient être apaisés que par le sang de leurs tyrans. Montezuma lui-même sentit renaître son ancienne énergie : il fit appeler Cortez, et lui dit qu'il était depuis six mois à Mexico, qu'il devait avoir rempli sa mission ; que les nobles, les prêtres et le peuple étaient décidés à ne pas souffrir plus longtemps sa présence.

Cortez lui répondit qu'il se disposait

à quitter Mexico que les préparatifs nécessaires pour son départ l'avaient seuls retenus jusque-là ; qu'ils exigaient encore du temps, parce que ses vaisseaux ayant été brûlés, il fallait en construire d'autres.

Le roi se montra satisfait de cette explication et promit de lui fournir les bois et les agrès, et de mettre à sa disposition tous les ouvriers dont il aurait besoin. Il finit par l'engager à apporter à ses travaux la plus grande diligence ; il n'était pas sûr de pouvoir contenir longtemps les Mexicains impatients de le voir partir.

Cortez n'avait nulle envie de quitter Mexico, de sortir de cette ville où il avait eu tant de peine à pénétrer, de se dessaisir d'une conquête si brillante achetée par trois grandes victoires, par tant de travaux et de fatigues, tant de ruses, tant d'expédients heureux que lui avait suggéré son génie ; il voulait à tout prix la conserver.

Il s'efforça de gagner la confiance de Montezuma et de calmer son irritation. En même temps il entama des négociations avec les troupes de Velasquez, et envoya auprès d'elles un des siens homme adroit, insinuant et hardi, qui

Fernand Cortez

conféra peu avec le chef, beaucoup avec les soldats qu'il éblouit par la peinture animée des glorieux travaux de Cortez et des immenses richesses qui en avaient été le prix. Il réussit à séduire la plupart d'entre eux, et ébranla fortement la fidélité des autres.

Cortez ayant appris l'heureux résultat de ces manœuvres, partit aussitôt de Mexico, où il ne laissa que cinquante hommes sous les ordres de Pedro de Alvarado. A l'aide de marches forcées il atteignit bientôt Chempoalla, où ses ennemis s'étaient renfermés. Pour suppléer à l'infériorité du nombre, il les attaqua pendant la nuit. Dès le premier choc, leur général fut blessé et fait prisonnier. Grâce à cette circonstance et aux dispositions des soldats de Velasquez, les uns séduits, les autres ne combattant qu'à regret et mollement contre des concitoyens, la lutte ne fut ni longue ni sanglante. Cortez leur offrit de retourner à Cuba ou de rester avec lui. La plupart choisirent ce dernier parti, et il se remit aussitôt en marche pour Mexico, à la tête d'environ huit cents hommes, auxquels se joignirent deux mille Tlascalans.

Pendant l'absence de Fernand Cortez, ceux de ses compagnons qu'il avait laissés à Mexico en étaient venus aux mains avec les habitants : c'étaient ceux-ci qui avaient commencé l'attaque, ou du moins provoqué le combat. Les Espagnols se défendaient avec l'énergie du désespoir, et, malgré leur petit nombre, s'étaient maintenus dans leur quartier. Mais une lutte si inégale ne pouvait se prolonger : les murailles du palais qu'ils habitaient et qui leur avaient servi de rempart, étaient presque entièrement détruites; les munitions étaient épuisées ; les vivres manquaient. Ils étaient réduits à la dernière extrémité lorsque Cortez arriva. A son entrée dans Mexico, sur son passage, nul ne vint à sa rencontre : les rues étaient désertes, les maisons fermées, un silence effrayant régnait dans cette ville immense. Mais à peine était-il entré dans son quartier, que des cris de guerre se firent entendre; des milliers de Mexicains se présentèrent et se ruèrent avec furie sur les Espagnols.

Montezuma chercha vainement à s'interposer entre les combattants ; sa voix fut méconnue, sa personne insultée par ses sujets même; et comme il se jetait dans la mêlée pour arrêter le combat, ils firent pleuvoir sur lui une grêle de pierres; quelques-unes l'atteignirent à la tête et le blessèrent dangereusement. En voyant leur roi sanglant et renversé, les Mexicains passèrent de la violence au désespoir, et ils prirent la fuite, se croyant poursuivis par leurs dieux irrités. La blessure de Montezuma n'était pas mortelle; mais il était résolu à mourir : il déchira les bandages qui couvraient sa plaie, refusa toute nourriture, repoussa tous les soins, et, après trois jours de cruelles douleurs, il expira en maudissant son sort, et en appelant toutes les rigueurs du ciel sur les Espagnols et sur ses parricides sujets.

Sa maladie n'avait point suspendu les combats. Un grand nombre d'Espagnols avaient succombé; et la plupart de ceux qui avaient survécu à cette guerre d'extermination étaient ou grièvement blessés, ou épuisés de fatigue. Les Mexicains eux-mêmes avaient fait de grandes pertes; et la première furie du peuple étant calmée, ils suivirent les conseils de leurs chefs; et au lieu de continuer ces combats meurtriers, qui n'avaient pu leur donner la victoire, ils prirent le parti de bloquer leurs ennemis et de les réduire par la famine.

Les Espagnols devaient périr jusqu'au dernier s'ils s'obstinaient à rester dans leur quartier; il fallait en sortir à tout prix, et s'ouvrir un passage à travers cette immense multitude d'ennemis. Cortez s'y décida; mais malheureusement il adopta, contre sa conviction, l'avis de quelques-uns de ses officiers et se mit en marche pendant la nuit. On croyait échapper ainsi au trouble dangereux d'un passage difficile à travers les chaussées détruites et obstruées, d'un combat acharné avec des ennemis implacables: vaine précaution qui fut cause d'un effroyable désastre. Il était impossible de mettre en défaut la vigilance des Mexicains. A peine les Espagnols étaient-ils sortis de leur quartier, que de grands cris se faisaient entendre de toutes parts; ils se virent aussitôt entourés d'ennemis, et dès ce moment la confusion se mit parmi eux. La pluie tombait par torrents; les chevaux enfonçaient ou refusaient d'avancer. Un pont se brisa sous le poids de l'artillerie et des bagages qui furent perdus ; en même temps le lac se remplissait de canots et retentissait des rugissements des Mexicains. Des flèches, des pierres pleuvaient sur les Espagnols, lancées des canots et du haut des maisons. Dans cet horrible désordre, au milieu des ténèbres, le combat devenait presque impossible ; au lieu d'un ennemi on pouvait frapper un compagnon. Un petit nombre d'Espagnols parvinrent à se sauver ; la plupart se noyèrent ou furent pris et réservés pour être immolés aux dieux. Cortez fit des prodiges de valeur, de sang-froid, d'activité : il était présent partout, passait d'une brèche à l'autre soit en nageant, soit en s'accrochant à de sanglantes dépouilles ; il rétablissait les passages qui venaient d'être détruits, et, se mettant à la tête de ses compagnons, leur ouvrait un chemin à travers les rangs pressés des ennemis.

Le combat dura toute la nuit. Quand le jour arriva un déplorable spectacle s'offrit aux yeux de Cortez. De mille soldats, deux cents à peine avaient survécu, et dans quel état ! accablés de blessures, exténués de fatigue, et non-seulement dans l'impossibilité de combattre, mais à peine capables de marcher. Plus de munitions, plus d'artillerie. Plusieurs officiers avaient été tués ; et parmi eux, le premier en mérite et en valeur, après le chef de l'expédition, le plus digne de tous les regrets, l'héroïque Juan Velasquez de Léon. En portant ses regards autour de lui et sur le lac teint du sang de ses soldats, et couvert de leurs dépouilles, Cortez fut saisi d'une vive douleur : il s'assit sur une pierre, et resta longtemps ainsi, plongé dans de sombres pensées, et versant des larmes sur tant d'amis, de braves compagnons, qui venaient de lui être enlevés.

Mais son courage n'était point abattu ; malgré ce désastre en apparence irréparable, il ne renonçait pas à ses projets ; et, après quelques moments donnés à une si légitime et si noble douleur, il s'occupa des préparatifs de son départ. Il se décidait à partir, mais avec la ferme résolution de revenir bientôt, et l'espoir de ressaisir sa conquête pour la conserver à jamais.

La retraite était difficile au milieu d'un pays soulevé, d'ennemis acharnés, rendus plus furieux par leur récente victoire. Cortez, pour échapper à leur poursuite, prit sa route à travers une contrée triste et stérile. inhabitée, marécageuse dans quelques parties, dans d'autres montagneuse et escarpée; un Tlascalan lui servait de guide.

Après six jours d'une marche pénible, harassés de fatigue, épuisés de besoin, malades, les Espagnols comptaient enfin trouver quelque repos. Mais au moment où, sortant des montagnes, ils débouchaient dans une plaine vaste et fertile, ils se trouvèrent en face d'une armée nombreuse qui leur fermait le passage. A cette vue les courages les plus fermes furent ébranlés; mais Cortez les ranima par ses discours et par son exemple : il s'élança le premier au combat et tous le suivirent.

Les rangs des Mexicains s'ouvrirent devant eux ; mais à peine les avaient-ils franchis, qu'ils se refermèrent ; les Espagnols, se trouvèrent comme emprisonnés au milieu d'une armée innombrable. Ils se virent alors assaillir avec une sorte de rage. Après une longue et vigoureuse résistance, leur petit bataillon fut entamé. Ils furent dispersés et obligés de combattre un à un contre des milliers d'ennemis. Ils soutinrent pendant quatre heures cette lutte inégale. Une foule de Mexicains étaient tombés sous leurs coups, mais ils n'en paraissaient ni moins nombreux ni moins acharnés; et Cortez, mesurant de l'œil des masses profondes qui l'entouraient, sentit qu'il ne pourrait jamais s'y frayer un passage. Sa mort et celle de ses compagnons étaient inévitables; il s'y résignait avec calme, et se disposait à les faire acheter cher à l'ennemi. Dans cette situation désespérée, un souvenir vint s'offrir à son esprit comme une inspiration du ciel. Il se rappela d'avoir entendu dire qu'un sûr moyen de vaincre les Mexicains c'était de tuer leur chef. Aussitôt il le chercha des yeux, et l'aperçut couvert de riches vêtements, tenant un bouclier doré, et porté sur une litière. L'étendard sacré était attaché à son dos et flottait au-dessus de sa tête. L'élite de ses soldats l'entourait. Cortez s'élança vers lui, suivi de ses plus braves compagnons, renversa tout ce qui se trouva sur son passage, arriva bientôt près du général ennemi, et d'un seul coup, l'étendit à ses pieds. Dès que les Mexicains virent tomber leur chef, le découragement les saisit; ils prirent la fuite, et les Espagnols restèrent maîtres du champ de bataille. Ils y passèrent la nuit. L'ennemi ne reparut plus, et Cortez atteignit sans obstacle la ville de Tlascala, où ses soldats trouvèrent les secours, les soins et le repos dont ils avaient tant de besoin.

Fernand Cortez ne voulait pas s'éloigner de Mexico : il craignait que ses compagnons ne s'accoutumassent à l'idée que cette brillante conquête était à jamais perdue. Tlascala était un point central à égale distance de la Vera-Cruz et de la capitale du Mexique. Les habitants s'étaient montrés des alliés d'une fidélité inébranlable, et nulle part il trouverait, comme chez eux, les ressources nécessaires pour réorganiser son armée, ou plutôt pour en former une nouvelle. Cent cinquante de ses compagnons seulement avaient survécu au désastre de Mexico et à la sanglante bataille qu'il venait de livrer; et les Tlascalans seuls étaient dignes de remplacer les Espagnols. Tous ces motifs déterminèrent Cortez à s'arrêter et à s'établir à Tlascala.

Tandis qu'il s'y occupait des préparatifs d'une nouvelle expédition, la fortune, qui venait de l'accabler de ses rigueurs, lui amena un surcroît de forces inespéré. Quatre cents soldats espagnols débarquèrent sur les côtes du Mexique : ils venaient d'Haïti et de Cuba pour lui enlever sa conquête et le dépouiller de son pouvoir. Dans ce pressant danger, Cortez eut recours à l'expédient qui lui avait déjà si bien réussi. Il envoya vers eux trois de ses compagnons qui, sous prétexte de négocier avec le chef, manièrent si bien l'esprit des soldats qu'ils vinrent tous se ranger auprès de celui qu'ils étaient chargés de combattre. Ce renfort éleva l'armée de Cortez à environ 600 hommes, et lui procura des canons, des munitions et des chevaux, dont il manquait. Il se trouva donc en état de tenter un dernier effort contre la capitale du Mexique. Mais avant de se diriger vers cette ville, il voulut mettre de l'unité, de l'ensemble dans son armée, composée d'éléments si divers et peut-être ennemis, et accoutumer les troupes qui venaient de lui arriver à un genre de guerre tout nouveau pour elles. Il fit dans les contrées voisines quelques excursions qui eurent le double avantage d'exercer ses soldats et de répandre la terreur parmi les Mexicains, qui se croyaient à jamais délivrés de leur redoutable ennemi.

D'autres motifs retardèrent encore son départ. Le dernier désastre prouvait qu'il serait aussi difficile de pénétrer dans Mexico par les chaussées qu'il l'avait été d'en sortir. Il fallait donc avant tout se rendre maître du lac, et on ne le pouvait qu'avec des bateaux. Cortez fit aussitôt apporter de la Vera-Cruz du bois, des voiles, des cordages, des agrès. Les bois furent travaillés à Tlascala, les cordages, les voiles, les agrès, mis en état, de telle sorte que dès l'arrivée même des Espagnols, douze légers bâtiments devaient voguer sur le lac.

Tous ces préparatifs terminés, Cortez reprit la route de Mexico (1), six mois après sa malheureuse retraite. Nul ennemi ne l'arrêta dans sa marche rapide : les villes étaient désertes, les

(1) Le 28 décembre 1520.

campagnes abandonnées. Les Mexicains, sentant bien que c'était là pour eux une crise décisive et dernière, avaient concentré toutes leurs forces dans la capitale, et Cortez arriva sans obstacle jusqu'aux bords du lac. Il établit le centre de ses opérations à Tezcuco, ville considérable, où s'agitaient alors deux factions, l'une favorable aux Mxicains, l'autre contraire. Il fit prévaloir celle-ci et reconnaître pour souverain un jeune prince qui reçut le baptême, et fut pour les Espagnols un utile et fidèle allié.

Avant de tourner tous ses efforts contre Mexico, Cortez entreprit le siége de quelques villes qui bordaient le lac. Il fallait en être maître pour assurer l'exécution du plan d'attaque nouveau qu'il avait conçu : de plus ses soldats s'accoutumaient ainsi à combattre, à vaincre des ennemis qu'on avait appris à redouter. Toutes ces entreprises, que le succès couronna, inspirèrent aux Espagnols une vive confiance ; le chef la partagea et s'écartant de la marche sage et mesurée qu'il avait suivie jusque-là, il donna un assaut général, et attaqua à la fois par trois points différents. Ces attaques, où l'ensemble manqua, échouèrent complètement. Les Espagnols furent repoussés, mis en déroute et poursuivis avec fureur; il en périt un grand nombre, les uns de la main de l'ennemi, la plupart dans les eaux, d'autres et c'étaient les plus à plaindre, furent pris. Cortez et plusieurs de ses officiers reçurent de graves blessures. Ce désastre en rappelait un autre : les soldats, si confiants naguère, maintenant découragés, abattus, s'écriaient que les Mexicains étaient invincibles sur le lac, qu'il fallait renoncer à une conquête impossible et retourner en toute hâte à Tlascala.

Tandis que les Espagnols se plongeaient dans un morne découragement, les Mexicains célébraient par d'horribles fêtes leur brillante victoire. La ville étincelait d'illuminations et retentissait de cris de joie. En face du camp de Cortez se trouvait une vaste place entourée de temples et de monuments magnifiques : elle allait être le théâtre d'une effroyable cérémonie. Les regards des Espagnols se tournèrent vers cet endroit avec une vague inquiétude. Ils virent une foule immense accourir en poussant des hurlements affreux, et bientôt apparut un lugubre cortége. Leurs malheureux compagnons, pris dans le dernier combat, s'avançaient sur deux rangs, le corps nu, les mains liées. Six prêtres les suivaient. Le premier d'entre eux, le topiltzin, vêtu d'une robe rouge, la tête ornée d'une couronne de plumes vertes et jaunes; les cinq autres, couverts de robes mi-partie de blanc et de noir. Ils s'arrêtèrent au milieu de la place, saisirent un des prisonniers, l'entraînèrent dans le temple et l'étendirent sur l'autel; quatre d'entre eux lui tenaient les pieds et les mains, un autre lui serrait étroitement la tête avec un instrument de bois de la forme d'un serpent. Lorsqu'ils l'eurent ainsi condamné à une immobilité complète, le topiltzin s'approcha armé d'une pierre tranchante, et lui ouvrit la poitrine : il en arracha le cœur, l'offrit tout palpitant au dieu de la guerre, et l'introduisit, au moyen d'une cuiller d'or, dans la bouche de l'horrible idole. A cet affreux spectacle, les Espagnols éclatèrent en cris de rage, et demandèrent le combat. Cortez loua leur ardeur, mais il la contint, leur rappelant que le dernier échec était dû à une aveugle impétuosité, et les assurant qu'une victoire complète les mettrait bientôt à même de tirer de ces abominables atrocités une éclatante vengeance.

Ce n'étaient pas là de vaines promesses, car lui n'avait pas perdu courage ; et tandis que ses soldats déploraient leur sanglante défaite, il s'occupait des moyens de la réparer. Quelques jours lui suffirent pour concevoir un nouveau plan d'attaque et en assurer le succès ; et dès qu'il vit sa petite armée en état d'engager le combat, il en donna le signal. Par son ordre, ses trois divisions s'avancèrent lentement, démolissant toutes les maisons qu'elles trouvaient sur leur passage ; les Indiens auxiliaires les suivaient et s'arrêtaient pour combler les fossés, réparer les chaussées, et rendre en cas de besoin, la retraite facile et sûre. De cette sorte, les Espagnols se défendaient plutôt qu'ils n'attaquaient ; et marchant les rangs serrés, protégés par leurs bateaux, maîtres du lac, ils résistèrent à tous les assauts furieux des Mexicains. Ceux-ci se voyaient renfermés de jour en jour dans un cercle plus étroit et, tout passage leur étant fermé, toute communication avec les villes voisines leur étant interdite, ils furent bientôt en proie aux horreurs de la famine, à de cruelles maladies causées par l'entassement d'un peuple si nombreux dans un espace si resserré à toutes les calamités d'une guerre d'extermination. Mais tous ces fléaux ne pouvaient ébranler leur contenance, soutenue par les discours et par l'exemple de leur chef, l'héroïque Guatimozin.

Cortez savait que les combats ne cesseraient que lorsque ce prince serait en son pouvoir; aussi mit-il tout en œuvre pour s'assurer de lui, et ses efforts eurent un plein succès. Guatimozin voyant approcher le dernier jour de Mexico, était résolu à s'ensevelir sous les ruines de sa capitale, à mourir au milieu de son peuple et en combattant pour lui; mais ses sujets au contraire le conjuraient de sauver sa personne sacrée, de se rendre dans les provinces voisines, où il lèverait une armée et viendrait à leur secours; ils l'attendraient. Après avoir long-temps résisté, il céda à leurs vives instances sans partager leur espoir, et se jeta avec quelques-uns de ses offi-

ciers, dans une pirogue recouverte d'une tente. Mais les Espagnols l'ayant aperçue, deux de leurs brigantins se mirent à sa poursuite et l'atteignirent. Guatimozin, amené devant Cortez, y parut avec un front serein, un visage impassible. « J'ai fait, dit-il, tout ce
» qui était en mon pouvoir pour sau-
» ver mon peuple et mon royaume;
» mes efforts ont été impuissants, je
» n'ai plus rien à tenter. Prenez votre
» poignard et frappez-moi au cœur. »
Le général espagnol le rassura, le traita avec bonté, et ordonna qu'on l'entourât d'égards et d'attentions. Ainsi que Cortez l'avait prévu, les Mexicains, en apprenant que leur roi était tombé aux mains de l'ennemi, se rendirent à discrétion.

Les Espagnols étaient enfin maîtres de Mexico. Mais quelle conquête ! quel triste aspect offrait cette ville naguère si magnifique, si resplendissante ! Ses palais étaient détruits, ses maisons en ruine, ses rues jonchées de cadavres. Les arbres dépouillés de leur écorce, des cavités pratiquées dans la terre pour y chercher quelque nourriture, attestaient énergiquement les ravages de la faim : un silence de mort régnait sur cette scène de désolation. On voyait seulement çà et là quelques malheureux Mexicains, le visage hâve, les yeux hagards, le corps d'une effrayante maigreur, se traîner lentement au travers des ruines, des amas infects de cadavres, dans l'espoir de découvrir quelques aliments, et épuiser dans cette vaine recherche le peu de forces qui leur restaient.

Où étaient donc les trésors qui devaient dédommager les Espagnols de tant de fatigues et de souffrances ? Tout l'or et l'argent qu'on put rassembler ne s'élevait qu'à cent vingt mille dollars, somme à peine suffisante pour couvrir les frais de l'expédition. Un vif mécontement se manifesta parmi les soldats, et lorsqu'on leur offrit la chétive part qui revenait à chacun, ils la rejetèrent avec humeur. Ils éclatèrent en murmures, qui n'osant se diriger d'abord contre leur chef, se portèrent sur le malheureux Guatimozin : ils l'accusaient d'avoir fait jeter dans le lac une grande quantité d'or et de pierres précieuses, et voulurent l'appliquer à la torture pour le forcer d'indiquer l'endroit où se trouvaient ces trésors.

Cortez eut la faiblesse d'abandonner

Guatimozin à la fureur de ses soldats. Ce prince supporta la torture avec un courage inébranlable. On ne put lui arracher ni cris de douleur, ni aveux; et Cortez, indigné, fit cesser ces cruautés inutiles. Guatimozin vécut encore trois ans; mais il était destiné à une fin tragique : accusé avec raison peut-être d'avoir fomenté une révolte, il fut condamné à mort et exécuté.

La capitale prise, les provinces ne tardèrent pas à se soumettre, et la conquête du Mexique se trouva non-seulement terminée, mais affermie. Dix-huit mois suffirent à Cortez pour accomplir cette gigantesque entreprise avec une armée de cinq cents hommes, trois canons en fer, et quinze pièces de campagne.

Cortez avait triomphé des Mexicains; mais il allait avoir à soutenir une lutte plus redoutable; et dans celle-ci sa défaite était certaine, car il ne savait combattre qu'au grand jour, à la face du ciel, et sa franchise toute guerrière, son caractère ardent, son cœur généreux, le laissaient exposé sans défense aux basses intrigues, aux manœuvres souterraines, aux noires perfidies qui se trament dans les cours. Ses ennemis, et ils étaient nombreux, l'accusèrent de lever des tributs énormes, de construire des châteaux pour sa défense, de chercher à se créer un état indépendant de l'Espagne. Charles-Quint, à qui ses talents et sa gloire portaient ombrage, et qui redoutait son audace, accueillit, encouragea ces accusations, car elles servaient de prétexte, elles donnaient une apparence de justice à une mesure rigoureuse qu'il méditait depuis longtemps. Il envoya au Mexique le licencié Ponce de Léon, qu'il investit de pleins pouvoirs, et chargea de soumettre la conduite de Cortez à une enquête solennelle, de le faire arrêter, s'il le jugeait nécessaire, et de l'envoyer en Espagne.

Cet acte d'iniquité révoltante fut connu au Mexique avant l'arrivée de l'envoyé de Charles-Quint. Aussitôt les braves compagnons de Cortez se pressèrent autour de leur chef, le conjurant de saisir ce pouvoir auquel on l'accusait injustement de prétendre; de ne pas souffrir qu'un prince ingrat vînt lui enlever tous les fruits d'une conquête acquise par tant de travaux et payée de leur sang; ils étaient prêts à combattre, à mourir pour lui. Cortez les remercia de ce généreux dévouement, mais il rejeta leurs propositions, refusa leurs services, et toutes leurs instances échouèrent contre sa loyauté.

Il se rendit en Espagne pour justifier sa conduite. Le peuple le revit avec admiration; l'empereur l'accueillit avec une feinte bonté, et lui prodigua de vaines distinctions. Ce fut là tout, et jamais il ne put obtenir la place de capitaine-général, qu'il demandait avec tant de justice : on ne lui accorda que le commandement de l'armée. De retour au Mexique il y trouva installé un gouverneur et des juges qui le fatiguèrent de contrariétés, l'abreuvèrent de dégoûts et le contraignirent à renoncer aux précaires fonctions qu'on lui avait laissées.

Il retourna en Espagne et vécut encore sept années. Comme Christophe Colomb, il ne cessa de réclamer ses droits méconnus, conservant jusqu'à la fin cette noble foi à la justice que les âmes droites ne perdent jamais. Mais toutes ses instances se brisèrent contre la sèche inflexibilité de Charles-Quint, qui ne daignait plus l'écouter, et feignait même de ne pas le reconnaître. Un jour où Cortez cherchait à

se frayer un chemin à travers la foule des courtisans et à pénétrer jusqu'à l'empereur, celui-ci demanda quel était cet homme. « Dites à Sa Majesté,
» répondit Cortez, que c'est un homme
» qui lui a conquis plus de royaumes
» que ses ancêtres ne lui ont laissé de
» villes. »

Il mourut le 2 septembre 1547, à l'âge de 62 ans

FRANÇOIS PIZARRE.

La conquête du vaste empire du Mexique donna une nouvelle et forte impulsion à l'esprit aventureux des Espagnols, à leur passion pour les entreprises extraordinaires. Cortez s'était emparé du Mexique avec cinq cents hommes, et l'on vit souvent cinquante aventuriers tenter une expédition semblable. La mer du Sud ouvrait surtout un vaste champ aux imaginations. Là se trouvaient des îles, des continents plus grands, plus fertiles, plus riches que tous ceux qu'on venait de découvrir. Quelques hommes hardis s'étaient lancés sur ce redoutable océan et la plupart n'étaient point revenus; mais leur absence prolongée n'inspirait ni crainte ni découragement ; on était impatient de les rejoindre.

C'était dans la colonie de Panama surtout que se préparaient ces expéditions. Quelques compagnons d'Alonzo de Ojeda et de Fernand Cortez étaient venus s'y établir; mais leur inquiète activité ne pouvait s'assujettir aux paisibles occupations, aux sédentaires travaux : ils ne rêvaient que guerres et conquêtes.

Parmi eux, à leur tête, se trouvait François Pizarre, qui, venu très jeune dans le Nouveau-Monde, avait pris part à toutes les expéditions qui s'y étaient livrées. C'était un homme plein de bravoure, d'audace, dévoré d'ambition ; âme orgueilleuse, altière ; esprit souple et délié jusqu'à l'astuce; dissimulé, ignorant jusqu'à ne pas savoir lire. L'éducation, qui aurait pu corriger ses défauts et modérer la sauvage impétuosité de son caractère, lui man-

Fernand Cortez.

qua. Né dans une obscure condition, son enfance s'était écoulée dans de serviles emplois, qu'il repoussa avec indignation dès qu'il en fut le maître. Une fortune assez considérable, fruit de ses travaux, lui assurait une existence paisible et heureuse ; mais pour ces âmes énergiques et sans religion, l'oisiveté est un supplice, et il n'y a pour elles de repos que dans la tombe.

Ne pouvant faire seul les frais d'une expédition, il s'associa deux hommes qui jouissaient d'une grande considération dans la colonie, Diégo de Almagro et Fernand de Luquie.

Ces trois hommes ayant mis en commun leurs biens et leur influence dans la colonie, ne purent équiper qu'un vaisseau, rassembler et armer que cent quatorze hommes. Pizarre devait les conduire ; Almagro se chargeait des approvisionnements ; Fernand de Luquie resterait à Panama pour préparer des renforts.

Pizarre partit le 14 novembre 1525. Après avoir été retenu quelque temps par des vents contraires, il aborda sur la côte de la Terre-Ferme, dans une contrée humide, marécageuse, habitée par des peuplades guerrières, que n'intimidaient point les armes à feu. Les combats continuels, les maladies, bien plus meurtrières, moissonnèrent en peu de temps la moitié des Espagnols. Heureusement Almagro amena un renfort de soixante-dix hommes. Ils se hâtèrent de quitter cette terre inhospitalière, et, rangeant les côtes, ils atteignirent celle de Quito, où ils s'arrêtèrent. Mais les habitants vinrent les attaquer avec furie. De cent quatre-vingt-deux hommes, cent trente avaient péri, et les autres, malades ou découragés, ne pouvaient lutter contre des ennemis innombrables et acharnés. Pizarre se détermina, non sans regret à quitter le continent, et se retira dans l'île de Gallo, voisine de la côte. Il ne voulait pas s'en éloigner, car il avait vu aux bras, aux oreilles, au cou des habitants, des parures en or et en émeraudes. Almagro repartit pour Panama où il allait chercher de nouveaux renforts. A son retour on commencerait une conquête devenue facile, et qui promettait d'immenses richesses.

Les soldats de Pizarre ne partageaient pas les brillantes espérances de leur chef; des marques de mécontentement s'étaient manifestées parmi eux ; des murmures se faisaient entendre ; ils demandaient à retourner à Panama. Ils trouvèrent le moyen de faire parvenir au gouverneur une lettre qui retraçait énergiquement leur triste position.

Cette lettre fit une vive impression sur le gouverneur Pedro Arias ; et non-seulement il empêcha Almagro de lever des renforts, mais encore il envoya à Pizarre l'ordre de revenir à Panama. Pizarre brava et ses ordres et ses menaces. Il ne voulait pas renoncer à son entreprise au moment où elle était si près de s'accomplir. Ses compagnons avaient d'autres sentiments. Il tenta vainement de les retenir : raisons pressantes, promesses magnifiques, tout fut inutile. Alors il eut recours à un dernier moyen : il les rassembla tous autour de lui, tira son épée, et traçant une ligne sur la terre, il s'écria d'une voix ferme : « Au-delà de
» cette ligne se trouvent des périls,
» des fatigues sans nombre, de cruelles
» souffrances, mais aussi la fortune
» et la gloire. Que ceux qui préfèrent
» les richesses et la renommée
» aux molles jouissances d'une vie
» oisive franchissent cette ligne : que

» les autres retournent à Panama.
» Quant à moi je reste; et avec l'aide
» des plus braves d'entre vous, quel-
» que peu nombreux qu'ils soient, et
» le secours de Dieu, qui ne nous man-
» quera point, je poursuivrai notre
» grande et glorieuse entreprise. »

A peine avait-il prononcé ces mots, que la plupart de ses compagnons s'élancèrent vers le rivage pour s'embarquer. Onze seulement passèrent la ligne ; et c'est à cette poignée de héros qu'est due la conquête du Pérou. Voici leurs noms que nous avons religieusement recueillis : Pedro Candia, B. Ruiz, N. Ribera, J. de la Torre, A. Brisino, C. de Pleral, Alonzo Trujillo; F. de Cuellar, A de Molina, G. de Ribera, et F. Rodriguez de Villa-Fuerte. Pizarre quitta l'île de Gallo et passa avec eux dans celle de la Gorgone, qui, moins rapprochée de la côte, et inhabitée, lui parut une retraite plus sûre; mais là d'horribles souffrances mirent leur constance à une rude épreuve. Cette île, couverte de bois, était sombre et marécageuse, inondée de pluies continuelles, battue durant des mois entiers par des ouragans furieux, et les Espagnols n'avaient pour s'en préserver que l'abri insuffisant et mal sûr des arbres que la foudre pouvait à chaque instant frapper avec eux. Ils étaient assaillis par des essaims d'insectes acharnés, et par des serpents, très nombreux dans l'île, dont la morsure était très dangereuse. A tous ces fléaux vint se joindre le plus cruel de tous, la faim : leurs provisions avaient été bientôt épuisées, et ils furent réduits à se nourrir de racines sauvages, de reptiles dégoûtants. Ils passèrent cinq mois dans cette cruelle position, tournant sans cesse leurs regards vers Panama, attendant avec résignation les secours qu'Almagro devait amener. Mais ces secours n'arrivaient pas, et le découragement commençait à gagner Pizarre lui-même. Ils résolurent de quitter cet affreux séjour, de se jeter dans une barque et de s'abandonner aux caprices des vents et des flots.

Leur résolution prise, ils allaient la mettre à exécution, lorsqu'ils aperçurent cette voile attendue avec tant d'impatience. Ils l'accueillirent avec des transports de joie. Almagro, F. Luquie, leurs parents, leurs amis, la plupart des colons mêmes, avaient fait de vives représentations au gouverneur et triomphé de son obstination ; il leur avait permis d'équiper un vaisseau et d'emmener à Pizarre des approvisionnements et des renforts.

Les Espagnols s'éloignèrent aussitôt de l'île de la Gorgone, et au lieu de retourner à Panama, ils se dirigèrent vers le sud-est. Après vingt jours d'une navigation difficile, ils découvrirent les côtes du Pérou et les suivirent, descendant à terre de temps en temps pour s'y approvisionner, et n'osant en si petit nombre, pénétrer dans l'intérieur du pays, qui paraissait très peuplé; mais les avaries de leur frêle navire les forcèrent à débarquer. Tous les objets qui frappèrent leur vue excitèrent leur admiration : la réalité dépassait leurs rêves les plus brillants. Les métaux précieux se montraient partout avec profusion et jusque dans les ustensiles les plus communs.

Les habitants s'étaient enfuis à l'approche des Espagnols; mais Pizarre ayant traité avec bonté et renvoyé avec des présents quelques-uns d'entre eux, qu'il s'était fait amener, des relations d'amitié s'établirent. Ces peuples paraissaient de mœurs simples et douces, et peu guerriers. Les Espagnols sentirent qu'ils ne trouveraient en eux qu'une faible résistance et que la conquête serait facile et prompte. Pizarre ne voulut pas cependant, avec une poignée d'hommes affaiblis par de cruelles souffrances et par les fatigues d'une longue navigation, attaquer un peuple qu'il connaissait à peine, et qui pourrait suppléer par le nombre à l'inégalité des armes et même au manque de courage; il se borna donc à prendre des renseignements sur l'étendue du pays, sa population et ses richesses. Ayant recueilli une assez grande quantité d'or et de pierres précieuses, il partit pour Panama. Il espérait y trouver les moyens de faire un armement assez considérable pour entreprendre la conquête du vaste et riche pays qu'il venait de découvrir; mais ses brillantes promesses, et les gages même dont il les appuyait, ne purent vaincre l'opposition obstinée du gouverneur, ni l'égoïste indifférence des colons.

N'ayant rien obtenu des habitants de Panama, il résolut de s'adresser à la mère-patrie, et se rendit aussitôt en Espagne. Charles-Quint lui fit un accueil bienveillant, loua son courage, sa constance, encouragea ses projets, et lui accorda largement des titres, des honneurs qui ne lui coûtaient rien, et qui pouvaient lui donner des royaumes Pizarre fut nommé gouverneur et capitaine-général de tous les pays dont il ferait la conquête ; mais il n'obtint ni secours pécuniaires, ni assistance d'aucune espèce ; c'était à lui de se pourvoir de vaisseaux, de troupes, de munitions ; tâche difficile qui aurait rebuté tout autre que Pizarre, et dont il triompha. Après deux années de démarches, de soins, d'efforts obstinés, il s'embarqua à Séville avec quatre petits vaisseaux, cent vingt soldats et trente chevaux. Ses deux frères l'accompagnaient, l'un et l'autre doués de grands talents et d'une valeur brillante, appelés à jouer un rôle important sur le théâtre où ils allaient se lancer. Pizarre ne fit que toucher à Panama pour prendre quelques hommes, quelques chevaux, les approvisionnements qu'Almagro s'était procurés. Il fit voile vers le Pérou, et après un voyage de treize jours il débarqua à cent lieues environ de Tumbez, au mois de mars 1531.

Pizarre prit la route de Tumbez. De cruelles maladies, causées par le manque de vivres et par l'insalubrité du climat et du sol, firent d'affreux ravages parmi les Espagnols; ils mirent un mois à faire cent lieues, et leur nombre se trouvait réduit de moitié lorsqu'ils atteignirent Tumbez. Ils s'arrêtèrent quelque temps dans cette ville pour se reposer de leurs fatigues et rétablir leur santé affaiblie.

Avant de pénétrer dans l'intérieur du pays, Pizarre voulut former un établissement qui pût lui servir de dépôt et de refuge. Il jeta les fondements de la colonie de Saint-Michel, sur les bords fertiles de la rivière de Piura, à sept lieues environ de Tumbez. Tandis qu'il s'occupait de ces travaux, il apprit des événements qui devaient faciliter l'exécution de ses projets.

Huana-Capac, douzième Inca, conquérant du royaume de Quitto, avait en mourant partagé ses états entre ses deux fils Huascar et Atahualpa; mais celui-ci, né d'une princesse de Quitto, qui n'était pas du sang des Incas, n'avait, d'après les lois de Manco-Capac, si chères aux Péruviens, aucun droit au trône. Huascar le somma de renoncer à une couronne usurpée, et de le reconnaître pour seul et légitime souverain. Atahualpa repoussa cette prétention avec hauteur, et les deux frères coururent aux armes. Une longue et sanglante bataille fut livrée : la fortune se déclara pour Atahualpha ; l'armée d'Huascar fut mise en déroute, et lui-même fait prisonnier. Le vainqueur ternit sa victoire par d'horribles cruautés ; il fit égorger les descendants de Manco-Capac, et subir tous les tourments d'une dure captivité au malheureux Huascar, n'épargnant sa vie que pour intimider et contenir ses partisans

Pizarre sentit les avantages qu'il pouvait tirer de ces dissensions. Apprenant qu'Atahualpa était campé aux environs de Caxamalca, à soixante milles de Saint-Michel, il prit aussitôt la route de cette ville. Les Espagnols, obligés de traverser d'immenses plaines sablonneuses, sans arbres, sans eau, sous un soleil brûlant, eurent encore à supporter de rudes fatigues, de cruelles souffrances. Arrivés à Caxamalca, ils s'établirent dans une vaste cour et s'y fortifièrent. Pizarre envoya aussitôt vers Atahualpa Ferdinand, son frère, et F. Sota, avec des paroles de paix, des protestations d'amitié. L'inca leur fit un accueil bienveillant et promit de venir visiter leur chef. De retour à Caxamalca, les envoyés décrivirent avec de vives, d'ardentes couleurs, les splendides richesses, le luxe éblouissant du camp péruvien, et allumèrent ainsi la rapace avidité de leurs compagnons. Pour se mettre en possession de tous ces trésors, on n'avait qu'à s'emparer de la personne d'Atahualpa. Pizarre n'hésita pas, et prit aussitôt toutes les mesures pour retenir soit de gré, soit de force, le prince qui venait vers lui plein de confiance.

Le lendemain, au moment où il allait entrer dans le camp Espagnol, les soldats de Pizarre se jettent avec impétuosité sur les Péruviens que l'explosion des armes à feu épouvante et met en fuite ; quelques soldats d'élite restent seuls auprès du souverain pour lui faire un rempart de leurs corps ; mais la plupart succombent, et l'inca se trouve seul, sans défense, entouré d'ennemis furieux. Pizarre l'arrache des mains de ses compagnons, le saisit lui-même, et l'emmène. Les Espagnols s'acharnèrent à la poursuite des Péruviens : ils en tuèrent cinq mille ; un seul des leurs fut blessé.

Atahualpa demeura pendant quelques jours plongé dans un accablement qui approchait de la stupeur. Il voulut à tout prix sortir de sa prison. Ses trésors pouvaient lui en ouvrir les portes ; il résolut de les sacrifier tous s'il le fallait pour recouvrer sa liberté. Il promit à Pizarre une rançon si magnifique que celui-ci en fut ébloui et refusa même d'y croire : l'inca s'engageait à remplir de vases d'or l'appartement qu'il occupait jusqu'à la hauteur où sa main pouvait atteindre. Le chef espagnol s'empressa d'accepter cette proposition, n'hésitant pas à prendre de son côté des engagements qu'il était bien résolu de ne pas remplir.

Atahualpa envoya quelques-uns de ses officiers dans les provinces de Quitto, de Pachacamac, de Cusco, pour recueillir et en rapporter l'or qu'il avait promis ; Ferdinand Pizarre les accompagnait. Dans les pays qu'il parcourut on l'entoura de marques d'amitié, de déférence respectueuse, et presque d'adoration. La ville de Sausa se trouvait sur sa route ; c'était là que l'inca Huascar languissait dans une rigoureuse captivité. Ferdinand Pizarre trouva moyen de pénétrer jusqu'à lui. Ce prince l'acueillit comme un libérateur ; il se plaignit amèrement d'Atahualpha, de sa cruauté envers lui, de ses actes d'inutile atrocité contre les descendants du soleil ; il conjurait le chef espagnol d'ôter à cet usurpateur une couronne qu'il avait souillée, et de la rendre au légitime souverain ; il promettait pour prix de ce service, de remplir d'or jusqu'au plafond la chambre où il se trouvait. Cette offre était bien au-dessus de celle d'Athaualpa. Ferdinand Pizarre l'accepta et quitta Huascar en l'assurant de son appui. Mais Atahualpa, instruit de cette entrevue, ordonna aux officiers qui gardaient son frère de le mettre à mort et ses ordres furent aussitôt exécutés.

Cependant les vases d'or arrivèrent, et en si grande quantité, qu'ils dépassaient même la limite fixée. On en réserva le cinquième pour l'empereur ; le reste ayant été fondu, s'éleva à la somme énorme de onze cent mille pesos (vingt-sept millions cinq cent mille francs). Chaque cavalier eut pour sa part huit mille pesos (deux cent mille francs), et chaque fantassin la moitié. Pizarre et ses officiers gardèrent une part proportionnée à leur rang et à leurs services.

Atahualpa ayant rempli son engagement, pressa Pizarre d'exécuter le sien; mais celui-ci éluda ses instances et ne se montra nullement disposé à le mettre en liberté. Le peu de résistance qu'avait fait les Péruviens, leur inaction tandis que le souverain était prisonnier, leur soumission, leur déférence pour les Espagnols persuadèrent à Pizarre que la conquête était achevée. C'était à l'Espagne maintenant qu'appartenait cette vaste et opulente contrée ; et pour lui en assurer la tranquille possession, il ne restait qu'à se débarrasser d'un prince que la plupart de ses sujets même détestaient comme un usurpateur. Atahualpa mort, Pizarre demeurait seul maître d'un empire dont les richesses égalaient, surpassaient peut-être celles de l'Europe tout entière.

A ces motifs d'intérêt personnel, d'avidité, d'ambition, s'en joignirent d'autres qui tout futiles, qu'ils paraissaient, furent peut-être les plus puissants sur une âme aussi fière, aussi orgueilleusque celle de Pizarre. Il fit comparaître le prince péruvien devant un tribunal composé de quatre juges, au nombre desquels figuraient et lui-même et Almagro ; chargea un de ses officiers de l'accusation et un autre de la défense. Atahualpa fut accusé d'avoir usurpé la couronne du Pérou, cherché à soulever ses sujets contre les Espagnols, dilapidé des revenus publics. La vérité de ces faits fut attestée par des Péruviens, la plupart ennemis de l'inca ; et sur leurs dépositions, malgré les efforts de Juan de Herrada qui prit au sérieux le rôle qu'on lui avait donné dans cette sanglante parodie de la justice, Atahualpa fut condamné à être brûlé vif, et la sentence aussitôt mise en exécution. L'inca ne manifesta ni colère contre ses bourreaux, ni regrets de la vie ; il marcha au supplice avec un courage calme, un visage impassible. Il désirait la mort peut-être, ou du moins il y était préparé

Acte remarquable par le double caractère qu'il porte d'iniquité révoltante et de cynique effronterie ; il est unique dans les tristes et sanglantes annales de l'histoire !

La mort d'Atahualpa ne calma pas les dissensions qui agitaient le Pérou; la lutte continua entre Manco-Capac, frère d'Huascar, et un fils d'Atahualpa.

Pizarre, profitant de ces dispositions favorables, prit la route de Cusco, qui était la cité la plus ancienne, le dépôt de toutes les richesses du pays. Il se trouvait alors à la tête de cinq cents hommes bien disciplinés. Ils arrivèrent et entrèrent sans obstacle dans la capitale du Pérou; leur fougueuse avidité se rua sur les temples, les palais tout étincelants d'or et de pierres précieuses, qu'ils dévastèrent, mirent au pillage et dont les splendides dépouilles s'élevèrent à la somme de quatre-vingt-dix mille pesos (environ soixante millions de francs).

Les Espagnols se voyaient en possession d'immenses richesses, n'ayant plus ni combats à livrer ni travaux à soutenir : le pays était calme, les habitants soumis, et les vainqueurs semblaient n'avoir plus qu'à jouir de leur magnifique conquête. Le danger commun les avait maintenus unis; mais ainsi qu'il arrive toujours, le succès jeta parmi eux la discorde. Depuis quelque temps de légers différends s'étaient élevés entre Pizarre et Almagro. Celui-ci, qui avait pris une part très active à l'entreprise, n'était pas content de la portion du pouvoir et de butin qu'on lui avait faite. Il se plaignait souvent de n'avoir reçu que le vain titre d'Adelantado, tandis que Pizarre avait accaparé ceux de capitaine-général et de gouverneur. Son habile rival avait feint jusque-là de ne pas entendre ses murmures, ou éludé ses réclamations par quelques concessions de peu d'importance; mais cette fois Almagro fut plus exigeant; il éclata en plaintes, en reproches, et se montra prêt à recourir à la force. Pizarre ne s'en effraya point : il connaissait tout l'avantage que lui donnait sa duplicité patiente sur la véhémence passagère d'Almagro. Il le laissa donc exhaler en cris impuissants, en vaines menaces, un vieux levain de rancuneuse colère. Ensuite il vint à lui, le combla de marques d'amitié, l'éblouit de brillantes promesses; et offrant un appât séduisant à son avarice et à son ambition, le détermina à entreprendre la conquête du Chili, contrée aussi étendue, aussi riche que le Pérou, s'engageant, dans le cas où ses espérances seraient déçues, à partager avec lui le gouvernement de ce dernier pays.

Almagro se mit aussitôt en marche à la tête de cinq cents hommes. Mais son impatience lui fit commettre dès l'abord une faute très grave : il voulut pénétrer dans le Chili par la route la plus courte, celle qui traversait les montagnes. A peine les Espagnols y furent-ils engagés qu'ils se virent en proie à toutes les rigueurs d'un froid excessif.

En quelques jours, cent cinquante Espagnols et un grand nombre d'Indiens succombèrent. Ils atteignirent enfin les plaines, et là ils trouvèrent une température plus douce, un sol fertile, abondant en métaux précieux, et d'abord des habitants aussi peu hostiles que ceux du Pérou. Mais, en avançant, ces dispositions changèrent, et bientôt ils furent assaillis de peuplades guerrières et nombreuses, qui, fuyant et revenant sans cesse, ne leur laissaient pas un moment de repos. Un profond découragement saisit Almagro et ses compagnons : il hésitait à poursuivre une entreprise hérissée d'obstacles, et jusque-là si stérile, lorsqu'il apprit des événements qui le décidèrent à retourner sur-le champ au Pérou.

Le fils d'Atahualpa étant mort, Manco-Capac n'avait plus de concurrent au trône, et ses seuls ennemis désormais étaient les Espagnols. Il appela toute la nation aux armes ; les Péruviens, qui n'attendaient que ce signal, accoururent en foule auprès de leur roi, et il se mit bientôt à la tête de deux cent mille hommes. Pizarre avait imprudemment dispersé ses troupes. Occupé à jeter les fondements de *Ciudad-de-los-Reyes* (maintenant Lima), il n'avait gardé auprès de lui que cent hommes environ : deux cents se trouvaient à Cusco avec ses deux frères Ferdinand et Gonzalo : le reste était épars à Quitto et dans quelques autres villes.

Manco-Capac tourna d'abord ses armes contre la vieille capitale de ses états, et vint l'investir avec toutes ses troupes. Les Espagnols se trouvaient un contre mille ; mais ils opposèrent une résistance héroïque, et suppléèrent au nombre par des prodiges de bravoure, secondés de toute la science, l'habilité militaires qu'on pouvait avoir alors. Les Péruviens de leur côté, déployèrent une hardiesse, un courage, une intelligence, qu'ils n'avaient pas montrés jusque-là. Les armes à feu, la cavalerie ne jetaient plus la terreur et le désordre parmi eux. Le siége durait depuis neuf mois et les Espagnols, ayant épuisés leurs vivres et leurs munitions, la plupart blessés, tous exténués de fatigue, allaient être forcés de se rendre, lorsque Almagro parut. Si Manco-Capac eût été plus clairvoyant, il aurait trouvé un puissant auxiliaire dans celui qu'il prit pour un ennemi. Mais au lieu de sonder ses dispositions, il vint l'attaquer impétueusement et fut repoussé. Cet échec le découragea, et quoiqu'il fut bien en état encore de tenir tête aux Pizarre et à Almagro réunis, qu'il pût avoir la certitude de les vaincre, cédant à une espèce de panique, on le vit tout-à-coup plier bagage et s'éloigner.

Mais les Pizarre n'étaient délivrés que du moins redoutable de leurs ennemis. Almagro, n'étant plus arrêté par l'armée péruvienne, s'approcha de Cusco avec la résolution de s'en rendre maître de gré ou de force. Les Pizarre mirent tout en œuvre pour écarter ce nouvel orage; Almagro s'approcha de Cusco pendant la nuit, y entra sans y trouver la moindre résistance, se dirigea vers la demeure des deux Pizarre et les somma de se rendre. Ceux-ci, écumant de rage, barricadèrent les portes et repoussèrent tous les efforts des assaillants ; on ne put les forcer dans leur formidable retraite qu'en y mettant le feu. Almagro les fit charger de chaînes, et se trouva sans opposition maître de Cusco.

Dès ce moment une guerre acharnée s'ouvrait entre Almagro et Pizarre. Celui-ci avait envoyé au secours de ses frères environ quatre cents hommes ; mais à leur arrivée la ville de Cusco était prise. Almagro vint à leur rencontre : dès le premier choc ils se débandèrent ; la plupart passèrent de son côté, le reste se dispersa.

Après cette facile victoire, Almagro, au lieu de venir chercher son rival, qu'il aurait trouvé presque sans défense, rentra dans Cusco et y demeura.

Pizarre mit le temps à profit, et son industrieuse activité créa rapidement une nouvelle armée : elle se composait de six cents hommes déterminés, recrutés en grande partie dans les colonies voisines. Ses frères la commandaient; tous deux étaient libres ; Ferdinand, sur sa parole d'honneur qu'il viola sans scrupule ; Gonzalo s'était évadé. Ils se dirigèrent aussitôt vers Cusco ; à leur approche, les troupes d'Almagro en sortirent et vinrent se ranger en bataille aux portes de la ville, dans la plaine de Salinas. Jamais combat ne fut plus sanglant ni plus acharné. Les Pizarre surtout s'abandonnèrent à une rage de vengeance que la victoire ne put éteindre. La plupart des officiers tombés entre leurs mains furent massacrés froidement, et la ville de Cusco livré au pillage. Almagro ne fut épargné que par un raffinement de cruauté. La haine implacable de Ferdinand voulait flétrir ses cheveux blancs du contact infamant du bourreau.

Il forma un tribunal dont l'accusé n'avait pas de justice à attendre. Quand Almagro comparut devant ses juges, il dut se rappeler avec une cruelle amertume, avec de poignants remords, la condamnation d'Atahualpa; il n'avait pas le droit de se plaindre d'une violence dont lui-même avait donné l'exemple. Comme le malheureux Inca, on lui interdit toute défense; on l'accabla de reproches auxquels il ne put répondre; il fut à l'unanimité condamné à mort : il ne s'y attendait pas. Affaissé sous le poids des années, en proie aux douloureuses infirmités de la vieillesse, à toutes les rigueurs de la fortune, il tenait encore à la vie. Etranglé dans sa prison, il fut ensuite décapité sur une place publique. C'est la seule faveur qu'il obtint de ses ennemis.

Pizarre avait assouvi son implacable vengeance. Mais ce coup frappé, il en craignit les suites et conçut de vives inquiétudes. L'empereur pouvait désapprouver sa conduite et lui ôter soudainement les dignités et le pouvoir dont il l'avait investi. La mort d'Almagro, au lieu de décourager ses partisans, n'avait fait qu'échauffer la haine qu'ils avaient vouée à son rival, et leur soumission apparente n'était qu'un piége, un voile jeté sur quelque secrète machination. Pour parer à ce double danger, il fut convenu que Ferdinand se rendrait aussitôt en Espagne. Une éducation soignée, une intelligence vive et prompte, un esprit flexible, lui avaient donné des manières polies, ce langage élégant et facile, indispensables à la cour, et qui manquaient à ses frères. En même temps Gonzalo irait a la recherche de nouvelles contrées, emmenant avec lui ceux des amis d'Almagro qui pouvaient inspirer le plus de craintes.

Ferdinand, arrivé en Espagne, déploya un luxe, étala un faste qui éblouirent le peuple et déplurent à l'empereur. Ses ennemis avaient pris les devants, et il trouva les esprits fortement prévenus contre lui : il ne se déconcerta pas cependant, et, au lieu de se défendre, il accusa. Son arrogance intimida ses adversaires mais gâta sa cause. Charles-Quint en fut blessé. Un tel homme était à craindre; il pouvait donner d'audacieux conseils. Il fallait sévir contre lui, et ménager son frère qui avait rendu d'importants services à l'Espagne, et qui, avec une ambition aussi grande peut-être, n'avait ni la hardiesse ni les talents qui pouvaient la rendre dangereuse.

Ferdinand fut arrêté et jeté dans une prison où il languit vingt-trois ans. En même temps on envoya au Pérou don Christoval Vaca de Castro, un de ces hommes d'une grande prudence,

Fernand Cortez.

d'un caractère doux et patient, qui ne demande jamais à la force ce qu'ils peuvent obtenir d'une modération habile et du temps. Il était chargé de faire une enquête minutieuse sur les affaires du Pérou, de peser avec soin les raisons des deux partis, d'écouter leurs plaintes, et de leur rendre justice. Si, à son arrivée François Pizarre vivait encore, Vaca de Castro se bornerait à prendre le titre et à exercer les modestes fonctions de juge ; dans le cas contraire, il devait se proclamer gouverneur. L'arrestation de Ferdinand, la mission confiée à Vaca de Castro, dont le véritable but transpira, eurent pour résultat de ranimer le parti d'Almagro et d'affaiblir celui de Pizarre.

Gonzalo fut plus heureux que son frère; l'expédition qu'il entreprit à deux cents lieues au sud de Cusco eut un succès complet : il découvrit une belle et riche contrée, en fit rapidement la conquête, et y fonda une colonie aux sources d'un grand fleuve auprès des mines d'argent les plus riches du Nouveau-Monde, ce qui fit donner au pays et au fleuve le nom de *la Plata*. Rappelé à Cusco par son frère, Gonzalo ne s'y arrêta que le temps nécessaire pour faire les préparatifs d'une entreprise nouvelle. Il allait à la recherche d'un pays très étendu, surnommé la *Canella*, à cause du grand nombre de caneliers dont il était couvert.

Il partit avec trois cent cinquante hommes, dont un tiers au moins de cavalerie, et environ quatre mille Indiens qu'il avait enrôlés.

Les Espagnols arrivèrent au pied des Andes ; il fallut les gravir et se frayer un chemin à travers les neiges éternelles qui les couvrent. Un grand nombre d'Indiens, et la plupart des bestiaux qu'ils conduisaient, y périrent. Sortis de ces montagnes glacées, les Espagnols ne trouvèrent, au lieu de la riche et fertile contrée qu'ils se promettaient, qu'un pays désert, une terre aride et nue ; ils manquaient de vivres, de vêtements, et les pluies continuaient. Ils se traînèrent jusqu'à la ville de Cumaco, où ils aperçurent enfin des caneliers, mais chétifs et en petit nombre. Gonzalo, venu jusque-là, voulut pousser plus loin. Il se hâta de quitter Cumaco, et après une marche très lente et très pénible, où les Espagnols eurent cruellement à souffrir d'une chaleur accablante, ils arrivèrent enfin dans une belle et riante vallée, qu'une grande rivière, nommée le Luca, baignait et fertilisait de ses eaux.

Ils firent ainsi cinquante lieues en suivant le fleuve. Ils parvinrent enfin dans un endroit où son lit se trouvait resserré entre deux rochers. Pizarre les unit par un pont, c'est-à-dire par quelques planches mal jointes et chancelantes ; il s'élança le premier sur ce frêle et périlleux passage; tous ses compagnons le suivirent.

Mais la rive opposée leur offrit le même sol stérile et nu. Alors le courage manqua aux plus intrépides. Ils ne pouvaient plus résister à tous les maux conjurés contre eux, l'épuisement, les maladies, la faim dévorante. Gonzalo seul était inaccessible au découragement. Il ranima ses compagnons et leur proposa de construire un bateau dans lequel on mettrait les malades, tous ceux qui étaient hors d'état de supporter les fatigues de la marche, ainsi qu'une grande partie des bagages ; le tout sous la conduite d'un de ses officiers et de quelques-uns de ses soldats les plus intelligents et les plus hardis. Ils iraient en avant pour reconnaître le pays et se procurer des subsistances.

Cette proposition fut accueillie avec joie; mais pour construire ce bateau, que de difficultés, dont chacune semblait insurmontable, et qui toutes furent vaincues par leur énergique persévérance! Ils firent d'abord une espèce de forge, dans laquelle ils eurent beaucoup de peine à entretenir le feu à cause des pluies continuelles. Des fers des chevaux ils tirèrent des clous; ils convertirent en cordes leurs vêtements usés et de vieilles couvertures en lambeaux; ils remplacèrent le goudron par une espèce de gomme qui découlait des arbres épars dans ce vaste désert. En peu de jours le bateau fut achevé. Il pouvait contenir soixante hommes; Gonzalo en confia le commandement à Francisco de Orellana, son lieutenant. Il devait côtoyer la rive, ne pas perdre de vue ses compagnons, ne pas s'éloigner sans en avoir reçu l'ordre. Ils continuèrent ainsi à descendre le fleuve pendant deux mois.

Gonzalo n'osait ajouter foi aux renseignements qu'il pouvait obtenir des rares habitants de ces sauvages contrées. Il ordonna à Orellana de descendre rapidement la rivière jusqu'à sa jonction avec le grand fleuve dont les Indiens avaient parlé. Arrivé là il se procurerait toutes les provisions que le pays devait lui fournir, et remonterait au devant de ses compagnons.

Orellana suivit le cours du fleuve, dont il voyait le lit s'élargir à mesure qu'il avançait. Le voyage fut long et difficile. Obligés de descendre sur le rivage pour se procurer quelque nourriture, les Espagnols y trouvaient des peuplades farouches qu'ils avaient beaucoup de peine à repousser; les femmes mêmes se mêlaient aux combats, et c'est là ce qui a donné lieu aux fabuleux récits de femmes guerrières (1) formant une république.

Orellana n'osa s'engager dans l'intérieur du pays, qui ne paraissait ni aussi fertile ni aussi riche qu'il l'avait espéré. Après sept mois d'une navigation pleine de périls et de fatigue, il atteignit l'Océan, gagna avec beaucoup de peine l'île de la Trinité, et là s'embarqua pour l'Espagne.

---

(1) Les Amazones.

Gonzalo fut saisi d'une vive inquiétude lorsque, arrivé au confluent des deux fleuves, il n'y trouva point Orellana.

Mais tous les maux qu'ils avaient enduré déjà ne peuvent être comparés à ceux qui les accablèrent à leur retour. De trois cent cinquante Espagnols partis de Quitto, quatre-vingts seulement y rentrèrent, et dans quel état! complètement nus, le visage couvert d'une barbe épaisse et en désordre, les traits défigurés, exténués de maigreur, semblables à des spectres plutôt qu'à des hommes; leur aspect était si étrange qu'on eut de la peine à les reconnaître. Ils apprirent en arrivant de tristes nouvelles; d'importants événements s'étaient passés pendant leur absence, et ils ne pouvaient compter sur un long repos.

François Pizarre n'ayant plus rien à craindre de l'empereur, qui avait épuisé toute sa sévérité contre son frère, ni du parti d'Almagro, dont il avait dispersé les débris, s'endormit dans une trompeuse sécurité. Il avait permis au fils d'Almagro d'habiter Lima, et ne s'inquiétait en aucune façon de la conduite et des relations d'un jeune homme qu'il croyait avoir réduit à l'impuissance en le dépouillant de sa fortune, et dont les mœurs douces, le caractère aimable, semblaient étrangers aux passions ardentes, aux élans impétueux qui révèlent l'ambition. Ses ennemis mirent à profit le repos et la liberté que leur laissait son imprudence. Ils établirent entre eux des correspondances secrètes et se rapprochèrent de Lima; quelques-uns même vinrent s'y établir.

Grâce à son active habileté, le parti d'Almagro avait pris une extension, un accroissement redoutables, et il se trouvait en état d'entamer avec son ennemi une lutte ouverte. Mais l'argent manquait, et il ne voulait pas abandonner aux chances toujours incertaines d'un combat ce qu'il pouvait obtenir d'un coup de poignard. Il ne faut pas s'en étonner : chez ces hommes, accoutumés à la violence, et sous de certains rapports encore à demi-barbares, la vengeance toujours juste, légitimait l'assassinat. Herrada, le chef du parti, choisit parmi ses complices vingt des plus déterminés, et leur ordonna de se tenir prêts

Pizarre, malgré les nombreux avertissements qu'il avait reçus, persistait à ne prendre aucune précaution et sortait toujours sans armes et sans suite. A la fin pourtant, les instances pressantes de ses amis éveillèrent ses soupçons, et se rendant à leurs prières, il s'abstint pendant quelques jours d'assister aux offices divins. Cette circonstance alarma, déconcerta ses ennemis; ils résolurent de brusquer l'exécution, et d'aller sans plus de retard le frapper dans son palais même.

Le 26 juillet 1541, à midi, heure que les Espagnols consacrent au repos (la siesta), les conspirateurs coururent vers le palais l'épée à la main, en criant : Vive le roi! Mort au tyran Pizarre! Le gouverneur se levait de table et causait avec deux de ses officiers quand ces clameurs confuses frappèrent ses oreilles. Quelques Indiens se précipitèrent dans l'appartement avec toutes les marques d'une vive frayeur, et lui annoncèrent qu'une troupe d'hommes armés accourait avec des cris menaçants. Pizarre, sans montrer la moindre émotion, se fit apporter ses armes, et entendant approcher ses ennemis, il ordonna à un de ses officiers de barricader la porte; mais celui-ci s'étant imprudemment avancé jusqu'à l'escalier, se trouva en face de Juan de Herrada et de ses compagnons qui se jetèrent sur lui et le percèrent de coups. Alors Pizarre s'élança lui-même à la porte, et, secondé du seul de ses officiers qui lui restât, il arrêta quelque temps ses ennemis. Obligé de reculer dans l'appartement, il continua de s'y défendre avec une vigueur, un courage indomptables. Son compagnon venait d'être renversé à ses pieds; il demeura seul debout, combattant toujours, semblable au noble roi des forêts pressé par la meute ardente, et, quoique vaincu, ne repoussant qu'avec dédain ses ignobles ennemis. Enfin, accablé de fatigue, épuisé par le sang qu'il perdait, il tomba criblé de blessures et expira aussitôt.

Les assassins se répandirent dans le palais et s'abandonnèrent à toute la rage de la vengeance aiguisée par l'avarice. Ils coururent ensuite aux maisons des amis de Pizarre, qu'ils mirent au pillage. Ces violences frappèrent de terreur et amortirent toute résistance. Tandis que le jeune Almagro parcourait la ville en triomphe, Juan de Herrada le fit reconnaître par le *cabildo*, ou conseil municipal, comme légitime gouverneur du Pérou, en réservant pour lui les fonctions de vice-gouverneur. Ces actes hardis eurent d'utiles et prompts résultats. Le parti d'Almagro prit un accroissement rapide : Herrada se vit bientôt à la tête de huit cents hommes, maître de Lima, en possession de tous les trésors de Pizarre, tous ses ennemis abattus ; jamais triomphe facile ne parut devoir être plus durable.

Cependant Vaca de Castro arriva. Instruit de la mort tragique de Pizarre, il fit publier le décret qui le nommait gouverneur, et fut aussitôt reconnu à Quitto. Quelques officiers du parti vaincu, entre autres Alvarez de Holguin et Garcilasso de la Véga, vinrent l'y joindre avec deux cents hommes. Les Espagnols avaient un respect inné, une sorte de culte pour l'autorité légitime. Tous ceux qui jusque-là étaient restés neutres accoururent auprès du gouverneur ; et le parti d'Almagro, qui ne s'appuyait que sur la terreur qu'il avait inspirée d'abord, s'affaiblit par d'éclatantes défections qui en provoquèrent de nouvelles. Juan de Herrada mourut ; une rivalité violente entre deux officiers jeta la division parmi les troupes. Almagro, livré à lui-même, n'ayant pour guide que la fougue indocile, l'inexpérience présomptueuse de la jeunesse, accumula faute sur faute, et se déconsidéra également par l'emploi toujours inopportun de la force et de la modération.

Vaca de Castro s'avançait rapidement. Débarqué au Pérou sans un soldat, il se trouva bientôt à la tête d'une armée nombreuse qui s'accroissait tous les jours des pertes de ses ennemis. Gonzalo Pizarre, récemment arrivé à Quitto, lui offrit ses services. Mais le gouverneur, craignant son ambition et son influence sur des troupes presque entièrement composées des amis de son frère, l'engagea à se reposer de ses travaux et à demeurer à Quitto, dont il lui confiait le gouvernement et la défense.

Il continua sa marche et rencontra Almagro dans la plaine de Chupas, à soixante lieues de Cusco. Son humanité, son patriotisme, répugnaient à un combat entre concitoyens, entre parents; il voulut l'éviter et entama des négociations; mais les prétentions d'Almagro rendirent tout arrangement impossible. Alors Vaca de Castro, contraint d'en venir à des extrémités qu'il avait vainement cherché à eloigner, déclara Almagro traître et rebelle, et prononça contre lui la peine de mort et la confiscation de ses biens. Les deux armées se ruèrent avec fureur l'une contre l'autre. D'ardentes rivalités, de vieilles haines les animaient. La nuit ne put les séparer, et le combat se prolongea jusqu'à neuf heures. La victoire se déclara enfin pour Vaca de Castro. Cinq cents Espagnols restèrent sur le champ de bataille. Almagro fit des prodiges de valeur et se retira le dernier; mais il fut pris et conduit à Cusco.

Vaca de Castro, qui avait fait preuve d'une grande bravoure pendant le combat, ne montra qu'indulgence et modération après la victoire. Il épargna tous ceux dont la tranquilité du pays, la prudence, la justice, n'exigeaient pas le châtiment. Les assassins de Pizarre furent mis à mort. Le jeune Almagro fut décapité sur la place qui avait vu tomber la tête de son père, et par la main du même exécuteur.

Le parti d'Almagro ainsi anéanti, celui de Pizarre s'étant rangé sous l'autorité légitime, le Pérou semblait devoir jouir désormais d'une paix profonde. Cependant la guerre civile désola quelque temps encore ce malheureux pays. L'empereur, au lieu de laisser l'habile Vaca de Castro assurer le fruit de sa rapide et complète victoire, envoya au Pérou un nouveau gouverneur, nommé Blasco-Nunez Vela, avec le titre de vice-roi, et la difficile mission de publier et de faire exécuter des règlements qui fixaient les droits des Espagnols sur les terres dont ils avaient pris possession, et sur les services qu'ils pouvaient exiger des Indiens. Ces lois, aussi contraires à la prudence qu'à l'équité, dictées par un égoïsme qui ne se déguisait point, dépouillaient les conquérants des biens qu'ils devaient à tant de pénibles travaux, de cruelles souffrances qu'ils avaient payés de leur sang, au profit d'un prince qui avait recueilli d'immenses avantages de leurs conquêtes sans y avoir contribué d'un homme ni d'un maravédi. Connues au Pérou avant l'arrivée du vice-roi, elles y excitèrent une vive fermentation qui éclata en un soulèvement général, lorsque Nunez Vela, au lieu de s'appliquer à calmer des esprits justement irrités, s'emporta contre eux en menaces hautaines, en mesures violentes.

Il fallait un chef aux mécontents : ils tournèrent leurs regards sur Gonzalo Pizarre, et le pressèrent de prendre le titre de gouverneur-général, et de déclarer le Pérou indépendant de l'Espagne. Gonzalo hésita longtemps; l'exemple récent d'Almagro l'effrayait; cependant les vives instances de ses amis, et peut-être les secrètes et irrésistibles sollicitations de l'ambition, l'emportèrent. Son parti pris, il se rendit à Cusco; il y fut reçu avec des transports de joie, et les habitants lui donnèrent spontanément le titre de procureur-général des Espagnols.

Gonzalo Pizarre, usant aussitôt du pouvoir dont il venait d'être investi, s'empara du trésor, nomma à tous les emplois, imposa des contributions, et leva des troupes. Ces mesures ne trouvèrent aucune opposition, et bientôt il se vit à la tête de six cents hommes et en possession d'immenses ressources Il se mit en marche pour Lima ; le gouverneur avait pris la fuite, et Gonzalo y entra en triomphe. Il fut nommé par acclamation gouverneur et capitaine-général du royaume du Pérou

Il se hâta de quitter cette ville pour se mettre à la poursuite du vice-roi, qui était parvenu à rassembler un corps aussi nombreux que le sien; il l'atteignit près de Quito et le défit complètement. Nunez Vela périt dans la déroute.

Cette victoire laissa Gonzalo Pizarre sans concurrent, sans ennemis, et son autorité fut reconnue dans tout le Pérou. Ses amis lui conseillèrent de prendre le titre de roi. Pizarre n'osa suivre ces conseils, où il entrait plus de prévoyance que de hardiesse : ce fut la cause de sa perte.

La nouvelle de ces événements excita dans l'âme orgueilleuse et jalouse de Charles-Quint une vive irritation; mais il avait besoin de tous ses trésors et de toutes ses troupes contre les Luthériens et contre la France; et, par nécessité, et aussi par goût pour cette politique habile et patiente qui lui avait presque toujours réussi, il renonçait à la force ouverte. Il envoya au Pérou Pedro de Lagasca, simple prêtre, qu'il avait plusieurs fois chargé d'affaires épineuses et délicates, et qui s'en était toujours tiré avec succès. Il ne lui donna aucun titre, aucune distinction; il n'était ni juge, ni général; il partait comme conciliateur, il allait remplir une mission de paix.

Quand on vit arriver au Pérou ce vieillard, sans armée, sans aucun des dehors imposants du pouvoir, il n'inspira qu'un insolent mépris, et quelques soldats l'insultèrent publiquement. Il supporta ces outrages avec un calme, une dignité, qui excitèrent l'intérêt. Sa douceur, ses manières affables, son esprit conciliant, fortifièrent ces dispositions favorables. Il annonça qu'il venait pour rétablir la paix et non pour rallumer la guerre; pour examiner l'état du pays, sonder ses plaies et les guérir. Le passé était oublié; les lois qui avaient produit tant de maux seraient rapportées; il redresserait tous les griefs et pardonnerait toutes les fautes. Ce langage produisit tout l'effet qu'il en attendait. Les Espagnols, que des mesures sévères auraient exaspérés, furent vaincus par cette indulgence inattendue. A mesure que Lagasca avançait dans le pays, les armes tombaient des mains des rebelles, les villes lui ouvraient leurs portes, les officiers même de Pizarre venaient au-devant de lui et se mettaient à sa discrétion. Ce qui était arrivé pour Vaca de Castro se renouvelait pour Lagasca, et l'autorité légitime, sans d'autres armes que la prudence et la modération triomphait d'une autorité usurpée soutenue par d'immenses ressources.

Pedro Lagasca s'avançait à petites journées, s'appliquant à ne laisser aucun ennemi, aucun danger derrière lui. Sa vigilante prévoyance ne négligeait rien, et tout en protestant de ses intentions pacifiques, il avait rassemblé et organisé une armée de deux mille hommes. Cependant il tentait un accommodement et proposait à Gonzalo une transaction honorable, que les amis de celui-ci l'engageaient à accepter, et qu'il repoussa, toujours rebelle à leurs sages conseils. Il subissait alors cette lente et triste décomposition d'une puissance qui s'écroule d'elle-même, et assistait, pour ainsi dire, à ses propres funérailles. A peine sorti de Lima, cette ville s'était déclarée contre lui. Les défections réduisaient tous les jours son armée. Il sentit la nécessité d'en venir promptement à une action décisive, et se hâta de chercher l'armée ennemie ; il la rencontra dans la plaine de Sacsahuna, aux environs de Cusco. Pedro Lagasca essaya des pourparlers, mais Pizarre, qui en connaissait le danger, les rompit brusquement et donna le signal du combat.

Ses soldats s'élancèrent avec ardeur; mais, arrivés près de l'ennemi qui n'avait fait aucun mouvement, ceux qui étaient en tête s'arrêtèrent, semblèrent hésiter un instant; puis, baissant leurs armes, passèrent dans les rangs de Lagasca. Cette impulsion une fois donnée, tout le reste la suivit, et Gonzalo se vit abandonné même de ses amis. Consterné de cette lâche désertion, il se tourna vers quelques officiers demeurés fidèles, et leur dit : « Messieurs, que me reste-il à faire? » Seigneur, lui répondit Juan de » Acosta, précipitons-nous sur l'enne- » mi et mourrons comme les anciens » Romains. » Pizarre resta quelque temps pensif et immobile; tout-à-coup il s'écria : « Puisque mes soldats pas- » sent sous l'étendard du roi, je sui- » vrai leur exemple. » Etrange résolution, qu'on a de la peine à comprendre dans un caractère si fier, avec un courage, une constance si héroïques, et qui ne peut s'expliquer que par un de ces vertiges qui dans les grandes crises, saisissent, égarent les têtes les plus fermes et poussent dans l'abîme qu'on fuyait. Pizarre se dirigea vers le camp ennemi, accompagné de Juan de Acosta, Maldonado, Guevara, dont l'inaltérable fidélité voulut partager jusqu'à ses fautes. Lagasca les ayant fait amener devant lui, s'emporta en reproches violents contre Pizarre, qui, reprenant toute sa fierté, lui répondit : « Seigneur, ce pays a été conquis par mes frères et par moi sans le secours de l'Espagne; je n'ai point usurpé le pouvoir; il m'a été déféré par le vœu unanime des villes et par la volonté de mon frère, à qui l'empereur avait donné le droit de choisir son successeur. »

Lagasca se montra inflexible envers Pizarre et ses officiers. Mis en jugement dès le jour même, ils furent condamnés à mort. La sentence devait être exécutée le lendemain.

Dans ces derniers et critiques moments, où souvent se ternit toute une carrière de gloire, Gonzalo se montra digne de son nom, de sa vie passée. Dès qu'il fut dans la prison, il se mit à se promener d'un air pensif. La nuit arrivée, il prit un peu de repos, mais il se réveilla de bonne heure, et se mit encore à se promener, paraissant toujours plongé dans une profonde méditation. Il demanda un prêtre, et passa avec lui une partie de la matinée dans de pieux entretiens. Il monta ensuite sur une mule et se rendit au lieu de l'exécution, portant à la main un crucifix et une image de la vierge. Parvenu sur la plate-forme où il devait recevoir la mort, il fit quelques pas en avant; et, promenant ses regards sur la foule attentive et pressée, où se trouvait un grand nombre de ses compagnons, il prononça un discours qui attendrit tous les cœurs.

FIN.

Limoges. — Imp. E. Ardant et C°.

www.ingramcontent.com/pod-product-compliance
Lightning Source LLC
LaVergne TN
LVHW050635090426
835512LV00007B/863